BEI GRIN MACHT SICH IHR WISSEN BEZAHLT

- Wir veröffentlichen Ihre Hausarbeit,
  Bachelor- und Masterarbeit

- Ihr eigenes eBook und Buch -
  weltweit in allen wichtigen Shops

- Verdienen Sie an jedem Verkauf

Jetzt bei www.GRIN.com hochladen und kostenlos publizieren

Bibliografische Information der Deutschen Nationalbibliothek:

Die Deutsche Bibliothek verzeichnet diese Publikation in der Deutschen National-
bibliografie; detaillierte bibliografische Daten sind im Internet über http://dnb.d-
nb.de/ abrufbar.

Impressum:

Copyright © 2015 GRIN Verlag, Open Publishing GmbH
Druck und Bindung: Books on Demand GmbH, Norderstedt Germany
ISBN: 9783668092297

Dieses Buch bei GRIN:

http://www.grin.com/de/e-book/310451/cyber-physical-systems-in-der-industrie-4-
0-herausforderungen-und-chancen

Ergin Sahin

Cyber-Physical-Systems in der Industrie 4.0. Herausforderungen und Chancen für die Zukunft

GRIN Verlag

GRIN - Your knowledge has value

Der GRIN Verlag publiziert seit 1998 wissenschaftliche Arbeiten von Studenten, Hochschullehrern und anderen Akademikern als eBook und gedrucktes Buch. Die Verlagswebsite www.grin.com ist die ideale Plattform zur Veröffentlichung von Hausarbeiten, Abschlussarbeiten, wissenschaftlichen Aufsätzen, Dissertationen und Fachbüchern.

Industrie 4.0 - Cyber-Physical Systems

Wissenschaftliche Arbeit

Autor: Ergin Sahin

Essen, 02.08.2015

Abbildungsverzeichnis

Inhaltsverzeichnis

1 Einleitung

Unabhängig von der Branche erleben nahezu alle Unternehmen in der heutigen Zeit der Digitalisierung und Automatisierung einen Wandel der Industrie.

Nach der ersten, zweiten und dritten industriellen Revolution, ist aktuell die Rede von „Industrie 4.0", auch genannt als vierte industrielle Revolution bei der durch den Einsatz von Informationstechnologie industrielle Produktionsanlagen und- prozesse weiterentwickelt werden.

Es stellt eine wichtige Voraussetzung für die Industrie und damit für Unternehmen dar um stark individualisierte Produkte nach Kundenwünschen in kleinen Stückzahlen zu produzieren und dies bei einer hohen Ressourcenproduktivität und mit einer entsprechenden Geschwindigkeit zu vollbringen.

Das Schlagwort hierzu ist die sogenannte „Smart Factory", in der Cyber-Physical Systems zum Einsatz kommen.

Es ist also eine Digitalisierung der Industrie von Nöten, die dazu beiträgt Kundenwünschen gerecht zu werden, wie die starke Individualisierung der Produkte, die Lieferfähigkeit und die Komplexität der Produkte zu gewährleisten.

Die Rede ist von sogenannten „intelligenten Fabriken", die in der Lage sind, sich selbst zu organisieren, in dem Menschen, Maschinen und Ressourcen miteinander Informationen austauschen und mittels Cloudtechnologie im Internet kommunizieren können, wobei auch die Produktionsanlagen Diagnose- und Reparaturfähigkeiten haben.

Dabei lässt sich sagen, dass Cyber-Physical Systems (CPS), die unter anderem in diesen Fabriken bei der Produktion zum Einsatz kommen, den Kern der Industrie 4.0 bilden.

Das sind eingebettete Systeme, die kommunikationsfähig sind, Internetdienste nutzen und die über das Internet kommunizieren können.

Außerdem sind diese auch in der Lage ihre Umwelt unmittelbar mit ihrer entsprechenden Sensorik zu erfassen, mit Hilfe weltweit verfügbarer Daten und Dienste auszuwerten, zu speichern und sie mit Hilfe von Aktoren auf die physikalische Welt einzuwirken (Bauernhansl et al. 2014, S. 15f).

Dabei hat der Mensch auch eine zentrale Rolle und ist über multimodale Mensch-Maschine- Schnittstellen mit diesen CPS verbunden und kann diese durch Sprache oder Touch Displays steuern (Bauernhansl et al. 2014, S. 15f).

1.1 Problemstellung und Zielsetzung

Ausgehend von diesen Sachverhalten wird diese Seminararbeit uns die Thematik der „Industrie 4.0" und damit auch „Cyber-Physical Systems" näher bringen und die Definitionen, Eigenschaften, Herausforderungen, Chancen und Risiken in diesem Kontext präsentieren.

Dabei werden auf viele Begrifflichkeiten eingegangen und erläutert, die im Zusammenhang mit diesem Thema essentiell sind.

Einige Beispiele hierfür ist das „Internet der Dinge", „Smarte Fabrik", die in diesem Sachverhalt kaum wegzudenken sind.

Außerdem wird die Rolle des Menschen analysiert und die Zukunft der Cyber-Physical Systems dargestellt.

1.2 Vorgehensweise

Als Erstes werden die verschiedenen industriellen Revolutionen dargestellt, um dann zur sogenannten vierten industriellen Revolution auch genannt als „Industrie 4.0" anzuknüpfen.

Hierbei werden auf die Treiber der digitalen Revolution eingegangen.

Anschließend werden auf die Definitionen von „Industrie 4.0" und auf „Cyber-Physical Systems" eingegangen.

Danach wird die Frage beantwortet wie Cyber-Physical Systems entstehen um anschließend die verschiedenen Sichten des Internets und den Weg zu einem cyber-physischen Produktionssystem darzustellen.

Im Anschluss darauf wird beschrieben wo CPS zum Einsatz kommen und es wird auf die Gefahren von CPS in Bezug auf die IT- Sicherheit aufmerksam gemacht.

Dabei wird das „Privacy by Design" erklärt und die Privatsphärenschutzmittel aufgezählt und definiert.

Außerdem werden im Anschluss Umsetzungsbeispiele gezeigt, wie CPS in der „Smarten Fabrik" zum Einsatz kommen.

Des Weiteren werden dann die Folgerungen für die Entwicklung von CPS abgeleitet, um am Schluss auf die Herausforderungen, Chancen und die Zukunft von CPS einzugehen.

2 Industrielle Revolutionen im Überblick

Bevor man darauf eingeht die vierte industrielle Revolution näher zu verstehen, muss man sich darüber im Klaren sein, was in den vergangenen drei Revolutionen geschehen ist.

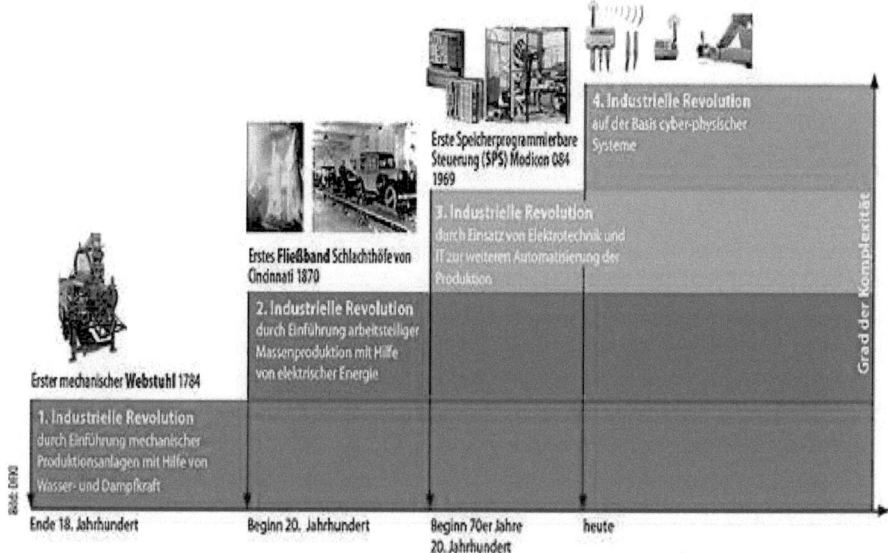

Abb 1 Quelle: (Dr. Jochen Schlick 2012)

Die erste industrielle Revolution startete Ende des 18. Jahrhunderts mit der Entwicklung der Dampfmaschine.

Ab diesem Zeitpunkt an erlebten wir Menschen verschiedene Phasen der industriellen Revolution, auf die im Folgenden näher eingegangen wird.

Zu Beginn der ersten industriellen Revolution konnten Arbeits- und Kraftmaschinen die Industrialisierung ermöglichen und auch Hungerkatastrophen entgegenwirken.

Es entstand ein zentralisiertes, arbeitsteiliges und teilmechanisiertes Fabriksystem in der Textil-, Eisen- und Stahlindustrie.

Um 1870 kam die Phase der zweiten industriellen Revolution, wo ein Wohlstand durch elektrische Energie und arbeitsteilige Massenproduktion gegeben war.

Damit kam es zu einem Bevölkerungswachstum.

Des Weiteren gab es eine großindustrielle Massenproduktion in Elektro-, Chemie- und Automobilindustrie.

Die Gewerkschaften gewannen für Menschen immer mehr von Bedeutung und es entstand das erste Fließband in der Produktion.

Die dritte industrielle Revolution begann zu Beginn der 70er Jahre, wo zunächst die Elektronik und später die Informations- und Kommunikationstechnologie eine variantenreiche Serienfertigung ermöglichten.

Es war in Deutschland die Zeit des Wirtschaftswunders (Bauernhansl et al. 2014,S.5ff).

Die dritte industrielle Revolution gilt als radikaler Fortschritt in der Automatisierung von Produkten und Produktion durch den Einsatz der speicherprogrammieren Steuerung (SPS) ab der Mitte der Siebzigerjahre (Sendler 2013, S. 6).

Heute ist die Rede von Industrie 4.0, auch genannt als vierte industrielle Revolution auf Basis von Cyber-Physical Systemen.

Für viele Menschen stellt die vierte industrielle Revolution keine wirkliche Revolution dar, weil in Frage gestellt wird, ob der Begriff „Revolution" gerechtfertigt ist oder ob es nicht sinnvoller wäre von einer „Evolution" zu sprechen (Sendler 2013, S. 7).

Diese Frage ist allerdings für den Industriestandort Deutschland und auch für Zentraleuropa weniger von Bedeutung.

Vielmehr ist es wichtig, dass sich Unternehmen sich positionieren und sich entscheiden, ob sie die Rolle des Revolutionärs oder Evolutionäres annehmen wollen und wie sie die Umsetzung, wenn sie sich denn dafür entscheiden vollbringen sollen (Sendler 2013, S. 7f).

Wenn man sich nun dagegen entscheidet und den technologischen Anschluss an andere Länder, Regionen oder Branchen verpasst übernehmen diese die führende Rolle und sind damit in Zukunft für unterschiedliche sich verändernde Situationen besser ausgerüstet (Sendler 2013, S. 8).

2.1 Digitale Revolution und ihre Treiber

Was ist eigentlich die sogenannte „Digitale Revolution" und warum ist es zu beobachten, dass es so eine schnelle Verbreitung in den letzten Jahren vollzogen hat?

Mit dieser Frage beschäftigt sich dieser Abschnitt und versucht einen Grund vorzustellen, der unter anderem dafür Sorge trägt, dass dieses Thema in den letzten Jahren so dermaßen eine große Bedeutung bekommen hat.

Zunächst lässt sich sagen, dass die digitale Technik sich sehr schnell verändert und weiterentwickelt.

Des Weiteren kann man auch die Beobachtung machen, dass die Ausbreitung sehr rasant von statten geht (Broy 2010, S. 19).

Aufgrund dessen, dass Firmen wie Microsoft, SAP oder Google sich zu Weltkonzernen entwickelt haben lässt die Aussage und damit den Begriff der „Digitalen Revolution" bestätigen (Broy 2010, S. 19).

Diesen Erfolg haben die Unternehmen der digitalen Informationsverarbeitungen zu verdanken (Broy 2010, S. 19).

Das Thema der digitalen Revolution ist genauestens zu analysieren und zu verstehen bevor die Rede von Industrie 4.0 und Cyber-Physical Systems ist.

Unsere Welt verändert sich und wir uns auch, was das Verlangen an neuen Produkten und Dienstleistungen erhöht.

Die digitale Technik und damit auch alle Komponenten dieser Technik haben unser Leben in den letzten Jahren sehr verändert.

Wir haben ein Bedürfnis nach individualisierten Produkten und auch Dienstleistungen und Services, die wir per Knopfdruck komfortabel z.B. mit einem Mobiltelefon steuern möchten.

Diese digitale Revolution bewegt uns alle zum Umdenken.

Damit sind nicht nur Menschen also Privatnutzer damit gemeint, sondern auch die Wirtschaft und auch die Politik, die diese digitale Revolution zu einem Begriff der vierten industriellen Revolution bzw. Industrie 4.0 zusammenfasst.

Genau hier haben wir die Verbindung und die Schnittstelle, wie essentiell es ist diese digitale Revolution erst einmal zu verstehen, um dann zu den Begrifflichkeiten, die in Zusammenhang mit „Industrie 4.0" und „Cyber-Physical Systems" stehen zu kommen.

Einen weiteren wichtigen Beitrag zu Verbreitung der digitalen Revolution stellt das Gesetz von Moore dar.

Man muss sich die Situation vorstellen, dass wir nicht vor allzu langer Zeit ein Produkt namens „Computer" hatten, der sehr teuer war.

Dieses Produkt wird heute oftmals von uns genannt als „PC" und hat sich zu einem Massenprodukt entwickelt, das im Verhältnis zur damaligen Zeit sehr günstig zu erwerben ist (Fleisch und Mattern 2005, S. 42).

Das Mooresche Gesetz ist also als zentraler Treiber der digitalen Revolution zu sehen und beruht auf der Beobachtung, dass durch die Fortschritte in der Halbleitertechnik ein schneller Leistungszuwachs bei sinkenden Preisen erreicht wurde (Broy 2010, S. 19).

Hierbei prognostiziert das Mooresche Gesetz einen Leistungszuwachs um Faktor 100 in 10 Jahren und einen Faktor um 10000 in 20 Jahren (Broy 2010, S. 19).

Mit diesen Zahlen alleine wird deutlich, mit was für einer Geschwindigkeit die Entwicklung und Ausbreitung geschieht und weiter geschehen wird.

---

3 Industrie 4.0

„Industrie 4.0" als Schlagwort hat sich in den letzten Jahren in Deutschland aber auch auf der ganzen Welt schnell verbreitet und hat einen regelrechten Trendstatus erreicht (Sendler 2013, S. 6).

Dies ist in Deutschland vor allem der Fall, da auch das Bundesministerium für Bildung und Forschung Projekte gestartet hat, die den Begriff „Industrie 4.0" und die damit verbundene Notwendigkeit und Chance für die Wirtschaft zu illustrieren (Redaktion: Referat LS 4 - Öffentlichkeitsarbeit und Internet 2015).

Es ist also zu beobachten, dass die Wirtschaft, Wissenschaft, Politik und Gesellschaft diese industrielle Revolution zusammen gestalten.

Viele Unternehmen stellen ihre Produkte und Dienstleistung in Anlehnung an dieses Thema vor, um bei den Kunden anzukommen.

Dabei versprechen diese Unternehmen, dass ihre Produkte das wiederspiegeln, was in Industrie 4.0 steckt (Sendler 2013, S. 6).

Es ist also zu vermuten, dass „Industrie 4.0" als Schlagwort eine große marketingtechnische Bedeutung bei den Menschen hat (Sendler 2013, S. 6).

Doch wie kommt es dazu, dass der Begriff „Industrie 4.0" sich so schnell verbreitet hat und dass es heute in aller Munde ist?

Dazu muss man in die Vergangenheit gehen und sich die Begriffe wie „Web 2.0" und „Web 3.0" näher vor Augen führen.

Reagieren wir Menschen von Natur aus neugierig auf etwas Neues, was momentan aktuell im Trend liegt?

Um die Aussage zu verdeutlichen und es in Einklang mit dem Thema „Industrie 4.0" zu bringen kann man als Beispiel eine fraktale Fabrik sehen mit all den Maschinen, Menschen, Produkten, Prozessen und der Arbeitsweise.

Gegen dieses Bild von einer herkömmlichen Produktion, die wir alle in unseren Köpfen haben, steht die moderne intelligente Fabrik, wo nicht nur Maschinen und Arbeitskräfte in traditioneller Form agieren.

Die Rede ist von Software, Internet, Mobilität und Echtzeitfähigkeit der Maschinen und damit auch die Einbindung des Kunden in die Geschäftsprozesse und eine auf jeden Kunden speziell angepasste und individualisierte Produktion.

Genau hier haben wir die Antwort bereits, warum dieser Begriff so eine Wirkung bei uns hat und auch in Zukunft haben wird, auch wenn es ein großes Thema ist, wo sich viele Menschen darunter nicht allzu viel vorstellen können, da es für sie schwer ist sich mit der Thematik zu beschäftigen und es zu ergreifen.

Nichtsdestotrotz lässt sich sagen, dass ein regelrechter Hype daraus entstanden ist vor allem auch bedingt durch Medien, Messen und Kongressen (Sendler 2013, S. 5) und dass es sich noch weiter ausbreiten wird, je mehr man sich mit der Materie dieses Themas beschäftigen wird, desto schneller wird auch die Verbreitung geschehen (Sendler 2013, S. 6).

Dadurch kann man auch gegen einige Herausforderungen entgegenwirken und diese meistern (Sendler 2013, S. 5).

Auf Dauer wird es mit bereits bekannten und alten Methoden nicht möglich sein der wichtigsten Herausforderung der Komplexität der Produkte im positiven Sinne zu realisieren (Sendler 2013, S. 5).

Die Komplexität beginnt mit dem Schritt von der Fraktalen Fabrik zur smarten lernenden Fabrik.

Hierbei lassen sich Begriffe wie Lieferfähigkeit, Preiselastizität, Verlässlichkeit als komplexitätstreibende Faktoren nennen, die mit der Notwendigkeit der individualisierten Produktion in Einklang gebracht werden können (Bauernhansl et al. 2014, S. 14).

Daher hat in Deutschland aber auch in Zentraleuropa die Industrie die herkömmlichen Mittel, Methoden und Strukturen in Frage gestellt und zum Nachdenken über vernetzte innovative eingebettete Systeme gebracht, damit die Produktion eine effiziente schnelle und wirtschaftliche Gestaltung annimmt (Sendler 2013, S. 5).

3.1 Definition Cyber-Physical Systeme

Cyber-Physical Systems sind wichtige Bestandteile um die Industrie 4.0 in der Wirtschaft umzusetzen.

Es entstehen ganz neue Produktionsumgebungen, in der Menschen und Maschinen in einer ganz anderen Art und Weise eingebunden sind und interagieren.

Wenn diese Systeme in der Produktion und damit in der Fabrik eingesetzt werden und zum Einsatz kommen ist der Schritt von einer fraktalen Fabrik zu einer sogenannten smarten Fabrik vollbracht.

Die Frage wie man zu der oben genannten „smarten Fabrik" gelangen kann, stellen „Cyber Physical Systems " (CPS) dar.

Eine Definition sieht wie folgt aus:

„Cyber-Physical Systems sind hoch vernetzte eingebettete Systeme (Embedded Systems), die über Sensoren die Umwelt erfassen und Aktionen auslösen können" (Hansen und Thiel 2012, S. 26).

Diese Definition kann man verstehen, in dem man z.B. sich ein Haus vorstellt, wo sich die Rollladen bei einer Unwetterwarnung automatisch und selbständig hochfahren.

Eine weitere Definition besagt:

„CyberPhsical Sysems adressieren die enge Verbindung eingebetteter Systeme zur Überwachung und Steuerung physikalischer Vorgänge mittels Sensoren und Aktuatoren über Kommunikationseinrichtungen mit den globalen digitalen Netzen" (Broy 2010, S. 17).

Also kann CPS als eine Zusammenführung von „Cyber", also Vernetzung, „Physical" als Anbindung an die echte Welt und „Systems" als Zusammenführung dieser Dinge in Form von eingebetteten Systemen sehen.

Diese enthalten eingebettete Systeme, die kommunikationsfähig gemacht werden und in der Lage sind Internetdienste zu nutzen, um unmittelbar ihre Umwelt mit ihrer entsprechenden Sensorik zu erfassen, sie mit Hilfe weltweit verfügbarer Daten und Dienste auszuwerten, speichern und mit Hilfe von Aktoren auf die physikalische Welt einzuwirken (Springer Vieweg et al, S.16).

Der Mensch ist hierbei über Schnittstellen mit diesen CPS verbunden und kann sie zum Beispiel über Sprache oder Touch Displays steuern.

Die Systeme können dann selbstständig aber auch in Zusammenarbeit mit dem Menschen Probleme lösen, indem sie Netzwerke aufbauen und sich selbstständig optimieren (Springer Vieweg et al. 2014, S.16).

Es gibt eine Reihe von wichtigen Charakteristiken der CPS, die erwähnenswert sind, um die Bedeutung dieser Systeme zu verdeutlichen.

Zunächst lässt sich allgemein sagen, dass diese eine direkte Verbindung zwischen der physikalischen und digitalen Welt eingehen und neuartige Systemfunktionen durch Informations-, Daten- und Funktionsintegration bieten.

Ein wesentlicher Vorteil dieser Systeme ist auch die Tatsache, dass der Zugriff über Netze überregional und ortsungebunden stattfindet und dass die Systeme Langzeitbetrieb tauglich sind (Broy 2010, S. 22).

Wenn man über Cyber-Physical Systems redet ist die Echtzeitfähigkeit eine wichtige Eigenschaft, die man erwähnen muss.

Die Echtzeitfähigkeit insbesondere was die zur Verfügung Stellung der Daten anbelangt, sorgt dafür, dass die reale Welt mit der virtuellen Welt verschmelzen kann.

So kann dafür gesorgt werden, dass ein virtuelles Abbild der Realität permanent mit Hilfe der Echtzeitdaten aktualisiert wird.

Somit entstehen verschiedene Möglichkeiten für neue Geschäftsmodelle.

Man kann damit auch nun drei Perspektiven auf das Internet definieren: „Das Internet der Menschen", „Das Internet der Dinge", „Das Internet der Dienste" und diese miteinander verbinden.

Wie man auch schon von den unterschiedlichen Namen entnehmen kann, lassen sich allgemein diese Perspektiven so erklären, dass zum einen Menschen in sozialen Netzwerken sich vernetzen, aber auch Maschinen dies tun, in dem diese kommunikationsfähige und smarte Objekte und serviceorientierte Dienste im Internet nutzen.

Die Verbindung von diesen drei Welten schafft dann über die CPS-Plattform neue Möglichkeiten. Sie bildet zum Beispiel die Basis für das „Smart Grid" aber auch für das „Smart Home" und das „Smart Building" oder die „Smart Mobility", die sehr aktuell sind und auch für viele Unternehmen Möglichkeiten bieten, um Kunden zu gewinnen (Bauernhansl et al. 2014, S. 16).

Es ist auch interessant genau zu differenzieren, wo CPS beginnen bzw. was CPS sind und was keine CPS sind.

Es lässt sich sagen, dass diese erst ab der Sensorik beginnen, wo diskrete binäre Daten vorliegen und aus Sensor- und Aktuatorwerten Informationsflüsse geworden sind (Bauernhansl et al. 2014, S. 39).

Hierbei ist auch ein Vergleich zu ziehen mit der Automatisierungstechnik, um die oben genannte Aussage besser zu verstehen.

Die Automatisierungstechnik schließt den technischen Prozess und die Dynamik der Prozesse mit ein (Bauernhansl et al. 2014, S. 39).

Die Verbindung bei der Einführung und Entwicklung von CPS Ansätzen lässt sich wie folgt erklären:

Die Anwendungstechnik weist eine jahrelange Erfahrung im modellbasierten Entwurf und Betrieb automatisierter Produkte und Anlagen.

Der informatikorientierte CPS-Ansatz an sich kann dann bei der Realisierung hiervon profitieren (Bauernhansl et al. 2014, S. 39).

Ein wichtiger Bestandteil von Cyber-Physical Systems ist die Tatsache, dass diese eingebetteten Systeme in Produkten eingebaut sind und hoch integrierte Rechenkomponenten heute in Produktionsanlagen, Autos, Unterhaltungselektronik oder medizinischen Geräte eingesetzt werden (Hansen und Thiel 2012, S. 26).

Um es einfacher auszudrücken und sich vorzustellen, wo CPS im Alltag zu finden sind und wo sie beginnen, um davon abzuleiten, was keine CPS sind dient der folgende Abschnitt.

Des Weiteren kann man hier auch genau differenzieren, wie Cyber-Physical Systems genau mit dem Begriff „Industrie 4.0" in Zusammenhang stehen.

Eine gute Beschreibung in diesem Zusammenhang liefert Dr. Peter Adolphs (Wiley-VCH Verlag GmbH & Co. KGaA), der CPS zunächst einmal als eine Komponente mit Embedded Software, integrierter Sensorik und vor allem einem Kommunikationskanal zur Vernetzung beschreibt.

Hierbei lassen sich typische Vertreter von CPS nennen wie z.B. Smartphones, moderne Haushaltsgeräte mit einem Internetanschluss.

Der Grundgedanke ist, dass diese Systeme eine Schnittstelle mit dem Internet haben und Informationen über das Internet beschaffen und teilen können.

Daher ist auch hier die Rede von „Internet der Dinge".

Abschließend zu der Frage und damit der Abgrenzung was Cyber-Physical Systems sind und was keine Cyber- Physical Systems darstellen lässt sich also sagen, dass die

Grundvoraussetzung dafür, dass eine Maschine ein cyber-physisches Gerät darstellt in der Voraussetzung besteht in Echtzeit Informationen über das Internet auszutauschen und mittels der verfügbaren Sensorik die Umwelt zu erfassen.

4 Wie entstehen Cyber- Physical Systems?

Als Einstieg in die Thematik wie CPS entstehen, muss man sich zunächst verdeutlichen, dass diese Systeme nicht als Ganzes neu gebaut werden, sondern bereits vorhandene Infrastrukturen mit eingebetteter Informationstechnik vernetzt werden und mithilfe von Internet, Mobilfunkdiensten und Cloud-Lösungen unterstützt werden (Cyber-Physical Systems 2011, S. 17).

Cyber-Physical Systems werden definiert als eingebettete Systeme, die durch den US-Amerikaner Edward A. Lee geprägt wurde (Edward A. Lee 2006).

Edward A. Lee beschreibt, dass keine neuen Technologieklassen entstehen, sondern lediglich bekannte Konzepte wie das Internet der Dinge, Internet der Dienste etc. vereint werden.

Wenn die Rede also von eingebetteten Systemen ist wird deutlich, dass etwas bereits vorhanden ist und dieses System nur durch die Einwirkung eines cyber-physischen Systems ergänzt wird.

Außerdem zu erwähnen ist auch die Evolution von eingebetteten Systemen zu Cyber-Physical Systems.

Evolution von Embedded Systems zu Cyber-Physical Systems

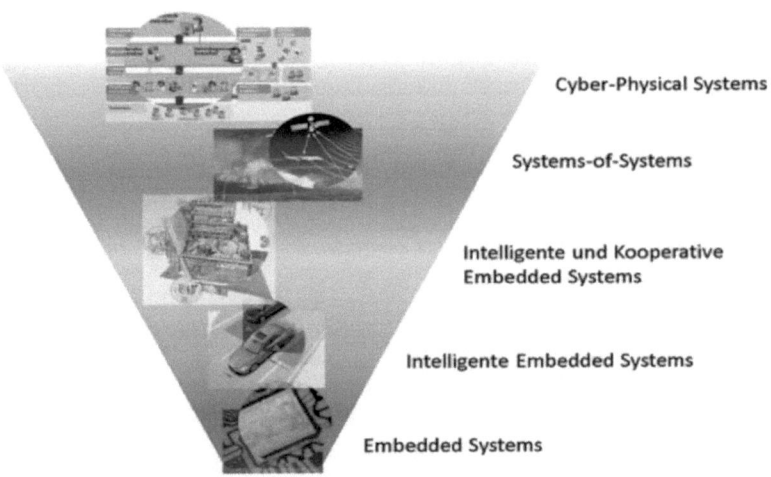

Abb. 2 Die Evolution zu Cyber Physical Systems Quelle: Prof. Dr. Werner Damm, Prof. Manfred Broy)

Anhand dieser Abbildung wird die Evolution von Cyber-Physical Systems deutlich. Es zeigt, dass bevor die Rede von Cyber-Physical Systems ist, es eine Reihe von anderen Vorstufen dieser Systeme existiert, auf die Cyber-Physical Systems aufbauen. Während der Begriff Cyber-Physical Systems neu ist, gibt es den Begriff der sogenannten „intelligenten, technischen Systeme" schon lange (Sendler 2013, S. 9).

Das Wort „intelligent" bezieht sich hierbei eigentlich um die vorhandene Vision des Menschen und seine Intelligenz und Kreativität (Sendler 2013, S. 9).

Denn mit seiner Vision entsteht eine Umsetzung dieser Systeme in der Realität.

Außerdem wird anhand dieser Abbildung auch eine weitere Definition von Cyber-Physical Systems deutlich.

Demnach sind CPS definiert als ein Netzwerk interagierender Elemente mit physikalischer In- und Output, in Abgrenzung zu nicht vernetzten Geräte, aber auch in Abgrenzung zu reinen Netzwerken ohne physikalische Ein-und Ausgabe (Sendler 2013, S. 8).

Um die Bedeutung von eingebetteten Systeme zu verdeutlichen, sollte man auf die Innovation eingehen, die diese Systeme bieten.

Es lässt sich sagen, dass softwareintensive Systeme Innovationstreiber sind (Broy 2010, S. 17f).

Am Anfang kann man sich den Einsatzbedarf der eingebetteten Systemen so vorstellen, dass man ein unzufriedenes Ereignis bzw. ein unbefriedigend gelöstes Problem beseitigen und lösen möchte (Broy 2010, S. 17).

Im nächsten Schritt wird aber auch gleichzeitig die Komplexität zu einem sehr bedeutenden Thema.

Schnell wird deutlich, dass die Punkte über die eigentliche Problemlösung hinausgehen. In der Verknüpfung mit anderen Systemen werden dann unerwartet und ungeplant ganz neue und andersartige Möglichkeiten deutlich (Broy 2010, S. 18).

Hierbei nennt Manfred Broy (Broy 2010, S. 18) einige Beispiele, die von großer Bedeutung sind, um die Entstehung der eingebetteten Systeme in unserer Welt zu verstehen.

Er nennt als Beispiel die heutigen globalen digitalen Netze und damit das Internet.

Laut Broy entstand das Internet durch die Bemühungen der amerikanischen Vereidigung um eigenes stabiles Kommunikationsnetz aufzubauen, dass sogar einen Atomschlag überlebt (Broy 2010, S. 18).

Damit kann man ableiten, dass das Internet uns die Möglichkeit bietet, dass nun Rechner bzw. Menschen leichter miteinander kommunizieren können.

Damit entstand auch parallel ein Gebiet der eingebetteten Systeme.

Diese sind in ihrer Leistungsfähigkeit eingeschränkt und nutzen Sensoren und Aktuatoren um sich mit der physikalischen Umwelt zu verbinden (Broy 2010, S. 18).

Die Fortschritte in der Sensorik und Aktuatorik machen ihren Einsatz auch in immer neuen Anwendungsbereichen möglich (Broy 2010, S. 18).

Die Tatsache, dass die eingebetteten Systeme über verschiedene Kommunikationsmechanismen mit vielen Netzen verbunden sind, sprechen für die Nützlichkeit dieser Systeme.

Cyber-Physical Systems leisten in diesem Zusammenhang einen wichtigen Beitrag zur Lösung gesellschaftlicher Herausforderungen, aber auch zur Sicherheit, Kommunikation, Industrieautomatisierung und zum Informationsmanagement (Broy 2010, S. 19).

Das Themenschwerpunkt „Herausforderungen" in Zusammenhang mit Cyber-Physical Systems wird in den nachfolgenden Kapiteln näher behandelt.

Des Weiteren ist es erwähnenswert, dass es zu einer gewissen Komplexität kommt, wenn Cyber-Physical Systems entwickelt werden.

Besonders deutlich wird dies, wenn zwei Cyber-Physical Systems aus unterschiedlichen Anwendungsbereichen miteinander in Verbindung stehen, wie z.B. Gesundheit und Mobilität (Cyber-Physical Systems 2011, S. 17).

Das bedeutet, dass man bei der Entwicklung Cyber-Physical Systems also auch darauf achten muss, dass Schnittstellen implementiert werden, die dann dazu beitragen können, dass zwei Cyber-Physical Systems aus unterschiedlichen Anwendungsbereichen zusammen kompatibel sind und fehlerfrei arbeiten können um damit Komplikationen zu vermeiden.

4.1 Verschiedene Sichten des Internets

Das „Internet" als Begriff beinhaltet verschiedene Sichten auf die in diesem Abschnitt eingegangen wird.

Ein Begriff ist das „Internet der Dinge" engl. Internet of Things (lOT).

Ergänzt um die Dienste (Services) wurde daraus das Internet der Dinge und Dienste oder Internet of Things & Services (loTS) (Sendler 2013,S.10).

Hierbei steht es für eine Vision, in der das Internet über den Bildschirm hinaus Teil der physischen Welt wird und in der auch umgekehrt jeder Gegenstand ein Teil des Internets werden kann.

Im Alltag können damit „Dinge" mit Informationen versehen werden oder als physische Zugangspunkte zu Internet-Services dienen (Bullinger und Hompel 2007, S. 19).

Wenn man das Internet der Dinge auf die Cyber-Physical Systems bezieht wird deutlich, dass CPS der Vision des „Internet der Dinge" am nächsten kommt, da diese Systeme auch als eigentliche Gestaltungseinheit für Anwendungen im Internet der Dinge, Dienste und Daten gesehen werden können.

Der Unterscheid besteht lediglich darin, dass das CPS eine bewusst gesteuerte Leistung des Menschen bzw. des Ingenieurs ist, während das Internet der Dinge durch eine Vielzahl von CPS und deren Verschmelzung untereinander sukzessive entsteht. Daher lassen sich CPS auch als eine „Internet der Dinge" Anwendung bezeichnen (Anke und Schwatke 2015, S. 489).

Allgemein kann man sagen dass das Schlagwort der „Internet der Dinge" und „Internet der Dienste" sich nicht wirklich erfolgreich über die Jahre verbreiten konnten (Sendler 2013, S. 10).

Obwohl die Technik bereits seit vielen Jahren vorhanden ist waren die Dinge, die Geräte, die Maschinen und ihre Hersteller noch nicht reif genug.

Doch heute sind wir an einer Zeit angelangt, in der man von „Industrie 4.0" sprechen kann und diese auch realisierbar ist.

Denn „Industrie 4.0" ist genau ein Teil davon, was auch mit „Internet der Dinge" und „Internet der Dienste" gemeint ist.

Diese Beobachtung konnte man auch bei der diesjährigen Hannover Messe machen, die jedes Jahr stattfindet, indem man die dort dargestellten und umgesetzten Techniken und Services miteinander vergleicht.

Wenn man die letzte Messe sich näher vor Augen führt wird damit deutlich, dass die Zeit für „Industrie 4.0" reif ist (Sendler 2013, S. 10).

Kommen wir nun zu der technischen Basis der „Internet der Dinge" um diesen relativ weit gefassten Begriff näher zu verstehen.

Hierbei ist sicherlich als aller erstes der Fortschritt der Mikroelektronik, Kommunikationstechnik und Informationstechnologie zu nennen, die erhebliche Bedeutung in diesem Kontext haben (Fleisch und Mattern 2005, S. 39).

Die Technik der RFID- Chips und auch multimediafähige Smartphones geben dem Begriff „Ubiquitous Computing" eine sehr bedeutende Rolle, denn nicht nur Computer an sich werden günstiger, sondern auch millionenfach hergestellte und verbreitete Sensoren werden vermehrt günstiger und tauchen immer mehr in Produkten auf (Fleisch und Mattern 2005, S. 39).

So lassen sich auch in diesem Zusammenhang Cyber-Physical Systems nennen, die vermehrt in Produkten unterschiedlicher Art vorkommen.

Diese können damit ihre Umwelt durch verschiedene Sensoren wahrnehmen und auch dementsprechend handeln.

Es lässt ich also unter dem Begriff „Internet der Dinge" sagen, dass diese gewaltige Auswirkungen auf viele Lebensbereiche haben (Fleisch und Mattern 2005, S. 39).

Zusammenfassend entsteht der Begriff „Internet der Dinge" wie folgt.

Als wichtigsten Baustein sind die Fortschritte in der Mikroelektronik zu sehen, die auch bereits oben erwähnt wurden.

Des Weiteren kann aber sagen, dass eine neue Qualität in der Computeranwendung erreicht wird (Fleisch und Mattern 2005, S. 39), in dem Prozessoren und Sensoren, aufgrund ihrer winzigen Größe, der mit diesem Fortschritt ermöglicht wird auch dazu beitragen, dass ein geringer Energiebedarf und ein niedriger Preis sowohl bei der Anwendung als auch im Ergebnis ermöglicht wird, wenn diese Systeme zum Laufen gebracht werden.

Letztendlich lässt sich also sagen, dass selbst Geräte, die auf dem ersten Blick keine elektrischen Geräte darstellen die technischen Voraussetzungen für die Kooperationsfähigkeit bieten. (Fleisch und Mattern 2005, S. 39f).

Damit ist also der Weg von den „Smarten Dingen" untereinander zum Entstehen der „Internet der Dinge" gegeben (Fleisch und Mattern 2005, S. 40).

4.2 Der Weg zum cyber- physischen Produktionssystem

Cyber- Physical Systems kommen in sogenannten intelligenten Fabriken „Smart Factory" zum Einsatz.

So kann man den Kunden in den Produktionsprozess integrieren und die Kundenwünsche individueller gestalten.

Es werden alle Prozesse in der Produktion optimiert, z.B. werden fehlende Ressourcen durch diese Systeme (Maschinen) erfasst und automatisch bestellt.

Um den Weg von der fraktalen Fabrik zur smarten Fabrik sich näher zu bringen muss man folgende Schritte erläutern.

Zunächst werden CPS entwickelt, die eingebettete Systeme enthalten und kommunikationsfähig gemacht werden.

Diese können ihre Umwelt durch Sensoren wahrnehmen und mit Hilfe von Aktoren auf die physische Welt einwirken.

Der Mensch ist über multimodale Mensch- Maschine-Schnittstellen verbunden.

Die Steuerung erfolgt über die Eingabe auf Displays mit Gesten, Touch oder Sprache.

So können sich CPS vernetzen und bauen dezentrale Netzwerke auf, die dann in der Lage sind sich selbst zu optimieren und eine eigenständige Problemlösung mit den Menschen gewährleisten.

So entsteht die „smarte Fabrik", auch genannt als lernende Fabrik, die in der Lage ist sich selbst zu organisieren und mit Hilfe von Maschinen Informationen in Echtzeit auszutauschen.

Man muss sich darüber im Klaren sein, dass der Schritt von der Fraktalen Fabrik zu einem cyber-physischen Produktionssystem auch mit einer gewissen Komplexität verbunden ist.

Dies bedeutet auch, dass mit steigender Komplexität der Grad der Autonomie und der Dezentralisierung zunimmt (Bauernhansl et al. 2014, S. 15).

Zu diesem Entschluss kam unter anderem Hans-Jürgen Warnecke, der von Michael ten Hompel vom Frauenhofer IML (Hompel 2013) unterstützt wird.

Diese Dezentralisierung und Autonomie kann nur durch cyber-physische Systeme erreicht werden, die definiert werden können als Objekte, Geräte, Gebäude, Verkehrsmittel, aber auch Produktionsanlagen, Logistikkomponenten etc., die eingebettete Systeme enthalten, die kommunikationsfähig gemacht werden (Bauernhansl et al. 2014, S. 15f).

Diese Systeme sind dazu fähig über das Internet zu kommunizieren und Internetdienste zu nutzen.

Doch was bedeutet eigentlich autonom und dezentral?

In Zusammenhang mit dem cyber-physischen Produktionssystem bedeutet dies, dass diese CPS sich untereinander vernetzen können und in der Lage sind Netzwerke aufzubauen um sich selbstständig zu optimieren und damit auch mit dem Menschen zusammen Probleme lösen können (Bauernhansl et al. 2014, S. 16).

Damit ist der Weg von der Frakalen Fabrik zu der smarten lernenden Fabrik vollbracht.

Es kommen Daten in Echtzeit aus der Fabrik und stehen zur Verfügung, wobei auch die Rede von der Verschmelzung der realen Welt mit der virtuellen Welt ist (Bauernhansl et al. 2014, S. 16).

Letzendlich bedeutet dies, dass die verschiedenen Sichten des Internets miteinander in Verbindung gebracht werden können.

Dabei geht um das „Internet der Menschen", „Internet der Dinge" und „Internet der Dienste" (Bauernhansl et al. 2014, S. 16).

4.3 Wo kommen CPS zum Einsatz?

Im folgenden Abschnitt wird beschrieben, wo CPS zum Einsatz kommen. Die Bereiche werden erläutert und es wird auch auf die Vorteile und Möglichkeiten eingegangen, die durch CPS gegeben sind.

CPS kommen im Alltag besonders im Verkehr bzw. Mobilität zum Einsatz.

Die heutige Technik ermöglicht es einzelne Fahrzeuge und Ampelanlagen miteinander zu verbinden.

Dadurch kommunizieren Fahrzeuge über verschiedene Sensoren mit Ampelanlagen.

Dies kann bewirken, dass sowohl einzelne Fahrzeuge untereinander als auch mit Ampelanlagen Informationen in Echtzeit austauschen können.

Außerdem sorgt es dann dafür, dass an bestimmten Verkehrskreuzungen Ampeln auf eine intelligente Art und Weise gesteuert werden, in dem z.B. der Verkehrsfluss optimiert wird.

Die Grünphase wird verlängert und die Rotphase der Ampeln wird verkürzt.

Damit entstehen weniger Staus und ein optimierter intelligenter Verkehrsfluss.

Doch nicht nur bei Ampelanlagen kommen CPS zum Einsatz, sondern auch bei einzelnen Fahrzeugen, die diverse Assistenzsysteme besitzen, die die Verkehrssicherheit erhöhen und Gefahren frühzeitig erkennen.

Durch einzelne Sensoren wird beim vorausfahrenden Fahrzeug der Abstand automatisch eingehalten, die der Fahrer im Fahrzeug einstellt und wünscht.

Die Voraussetzung für die Umsetzung ist, dass die Systeme untereinander permanent Informationen austauschen und in Echtzeit kommunizieren.

Durch die oben genannten Faktoren lässt sich der Nutzen wie folgt identifizieren:

Es wird dafür gesorgt, dass ein gesteigerter Verkehrsdurchsatz gegeben ist und der CO_2- Ausstoß reduziert wird. Des Weiteren wird der Stressfaktor bei den Verkehrsteilnehmern reduziert und vermieden, die durch unnötiger Rotphasen gegeben ist (Broy 2010, S. 42).

Auch im Energiesektor kommen CPS als Teil eines intelligenten Stromnetzes zum Einsatz und werden das künftige Energienetz effizient und zuverlässig steuern.

Ein anderes Wort in diesem Zusammenhang ist auch das sogenannte „Internet der Energie".

Der Grundgedanke beim Einsatz dieser Systeme im Energiesektor ist der Wunsch und damit auch das Ziel, dass es eine einheitliche Sicht auf zentrale und dezentrale Energieerzeuger, Speicher und Verbraucher gegeben sein muss (Broy 2010, S. 52).

Die Kommunikation zwischen den oben genannten Beteiligten wird durch CPS gewährleistet.

Doch wie funktioniert die Umsetzung dieses intelligenten Stromnetzes.

Es existieren schlaue Sensoren, die die Funktionsfähigkeit des Stromnetzes permanent prüfen und bei einer Störung für eine schnelle Reparatur sorgen, um Energieverluste zu vermeiden.

Des Weiteren existiert eine Zwei- kanal- Kommunikation.

Das bedeutet, dass der Strom nicht einseitig vom Kraftwerk bezogen wird, sondern dass die Geräte, die an das Netz angeschlossen sind, sich bei Bedarf die Energie zurück ins Netz speisen können.

Außerdem ist der schlaue Stromzähler zu erwähnen, durch den der Strom in den Haushalten gemessen wird. So können Nutzer ihn ständig überwachen und die

Software programmieren, die einzelne Geräte automatisch an und abschaltet, um den Verbrauch zu minimieren (Spiegel Online 2012).

4.4 Gefahren von CPS in Bezug auf die IT-Sicherheit

Einerseits bieten Cyber-Physical Systems viele Vorteile, die bereits in den zuvor genannten Punkten genauestens analysiert wurden.

Andererseits gibt es auch im Zusammenhang des Einsatzes dieser Systeme erhebliche Gefahren, die beachtet werden sollten.

Man muss sich darüber im Klaren sein, dass CPS ständig Daten mit anderen Systemen austauschen und eine permanente Verbindung mit diesen eingehen,

Dies stellt sicherlich eine große Herausforderung in Bezug auf das Thema der Sicherheit dar.

In einem Prozess auf der Basis eines CPS werden große Mengen von Daten von RFID'S, Sensoren, Embedded Systems generiert. Diese enthalten Informationen über den Produktionsprozess, Ort, Zeit und Zustand des herzustellenden Produkts.

Letztendlich sind dies aber auch Informationen über Konstruktionsanlagen, wirtschaftliche Ergebnisse des Produktionsprozesses und Personendaten.

Ein unberechtigtes Auffangen dieser Daten führt dazu, dass die Eigenschaften des Guts oder auch des gesamten Produktionsprozesses preisgegeben wird.

Die Herausforderungen in diesem Zusammenhang bestehen darin, dass es eine geringe Rechnerkapazität in den Sensoren vorhanden ist und die Sicherheitstechnik sehr erschwert wird (Prof. Dr. Ingo Wolff, Siegfried Schulze, S. 15).

Ein weiterer Punkt sind die vielfältige deterministisch festgelegten Kommunikationswege in der Sensor- Rechner- Aktuator- Kommunikation und die physikalischen Verfälschungen der Signale und Daten, sowie ein ungewolltes Mithören, Umleiten und Verfälschen der Datenübertragung.

Cyber-Physical Systems basieren darauf eine Menge von Daten auszuwerten und daraus Entscheidungen zu treffen.

Wenn es zu einer externen Manipulation dieser Daten kommt, kann es zu gravierenden Schäden kommen.

Diese können sowohl wirtschaftliche Schäden sein, als auch Schäden die für den Leib und Leben des Menschen (Hansen und Thiel 2012, S. 27).

Da bei CPS von Echtzeitübertragung der Daten die Rede ist, lässt sich auch sagen, dass aktuelle Datenschutzverfahren kaum auf Echtzeit anwendbar sind.

Probleme sind vorhanden vor allem in Bezug auf den Schutz der Privatsphäre.

Diese können bei Cyber-Physical Systems in der Regel immer auftauchen, da mehrere Betreiber in einzelne Komponenten involviert sind.

Es ist also schwierig zu entscheiden, ob es sich um personenbezogene Daten handelt oder nicht und ob es einen klaren Verantwortlichen für die Datenverarbeitung gibt, der seiner Verantwortung gerecht werden kann (Geisberger und Broy 2012,S.120 et al).

5 Privacy by Design

Zunächst einmal muss man sich mit der Frage beschäftigen wie ein Cyber-Physical System implementiert wird.

Dabei kann man sagen, dass das Konzept und damit die Vorgehensweise einem „Data Warehouse" ähnelt, in dem zuerst alle möglichen Daten gesammelt und anschließend zu vielfältigen Zwecken ausgewertet werden (Hansen und Thiel 2012, S. 28).

Damit besteht das einfachste Implementierungskonzept darin, dass für ein Cyber-Physical System alle anfallenden Daten, die relevant für die Anwendung sind an einem zentralen Speicherort für eine bestimmte Zeit zu speichern und auszuwerten (Hansen und Thiel 2012, S. 28).

Daher sollte die Sicherheit von Anfang an bei der Entwicklung von Cyber- Physical Systems berücksichtigt werden, weil es von Beginn an keine datensparsame Implementierung gegeben ist und die auch vom datenschutzrecht geforderte Zweckbindung dadurch technisch nicht unterstützt wird (Hansen und Thiel 2012, S. 28).

Privacy lässt sich in diesem Kontext definieren als ein „Privatsphärenschutz" für einzelne Individuen oder für Gruppen von Personen, wobei bewusst eine erweiterte Sicht auf den Datenschutz wie er zurzeit gesetzlich in Deutschland normiert ist, gewählt wird (Hansen und Thiel 2012, S. 28).

Ein Privatsphärenschutzziel lässt sich definieren als ein Schutzziel aus der IT-Sicherheit, das eine grundlegende Anforderung an ein System, beispielsweise an ein informationstechnisches System darstellt, die nur zu einem gewissen Grad umzusetzen ist (Geisberger und Broy 2012, S. 120f).

5.1 Transparenz

Beim Einsatz von CPS ist es eine wichtige Voraussetzung, dass alle Bereiche für alle Beteiligten sichtbar gemacht werden müssen.

Das bedeutet, dass die Funktionsweise und Wirkung von CPS für Betroffene und Betreiber verständlich sein müssen (Hansen und Thiel 2012, S. 29).

Alle Beteiligten müssen darüber im Klaren sein, woher die Daten stammen, welche Nutzer sie benutzen, wie sie eingreifen und welche Änderung von wem unternommen wird.

Des Weiteren ist es von besonderer Wichtigkeit, dass Verantwortliche klar ausgewählt sind.

Eine mögliche Realisierung kann z.B. so aussehen, dass bestehende intelligente Geräte um das Privatsphärenmanagementfunktion erweitert werden und das Datenschutzprofile durch die beauftragte Instanz erstellt werden (Geisberger und Broy 2012, S. 122f).

Besonders wichtig ist auch bei der Transparenz zu erwähnen, dass entschieden werden muss welche Teile der Cyber-Physical Systems in wessen Verantwortlichkeit liegen (Hansen und Thiel 2012, S. 29).

5.1.1 Intervenierbarkeit

Im Allgemeinen bedeutet Intervenierbarkeit, dass Betroffene dem CPS nicht ausgeliefert sein sollten, sondern auch in dem Moment eingreifen können, wo es ihnen notwendig erscheint (Hansen und Thiel 2012, S. 29).

Das bedeutet auch das Recht auf die Korrektur, Löschung, Sperrung auch bei verteilter Speicherung (z.B. Cloud) gegeben ist.

Es könnte realisiert werden, in dem CPS für Betroffene ganz oder teilweise abschaltbar sein wäre und auch manuell zu bedienen wäre (Geisberger und Broy 2012, S. 123).

5.1.2 Nichtverkettbarkeit

Dieses Privatsphärenschutzziel sorgt dafür, dass Daten aus unterschiedlichen Kontexten nicht miteinander verkettbar sein sollten, um eine Profilbildung zu verhindern.

Dies bedeutet, dass das Ziel darin besteht, Risiken durch Ansammlungen von umfassend auswertbaren Daten und Auswertungen zu beliebigen Zwecken zu verhindern (Hansen und Thiel 2012, S. 30).

Eine mögliche Umsetzung könnte darin bestehen, dass die Daten und Prozesse aus unterschiedlichen Kontexten voneinander getrennt werden (Geisberger und Broy 2012, S. 123f).

Des Weiteren lässt sich sagen, dass die Nichtverkettbarkeit durch eine physikalische und logische Trennung der Daten, die zu verschiedenen Zwecken verarbeitet werden, durch ein Verteilen der Daten auf verschiedene, voneinander unabhängige Instanzen, durch Verfahren der Anonymisierung und Pseudonymisierung oder durch wirkliches Löschen realisiert werden (Hansen und Thiel 2012, S. 30).

5.2 Folgerungen für die Entwicklung von Cyber-Physical Systems

Die oben dargestellten Punkte verdeutlichen die Notwendigkeit, dass bereits am Anfang wo CPS entwickelt werden es eine Reihe von Maßnahmen beachtet werden sollten, um die oben genannten Probleme aus dem Weg zu schaffen.

Es ist die Rede von „Privacy by Design", bei der die datenschutzrechtlichen Anforderungen möglichst weitgehend umgesetzt werden sollten.

Dies sollte bereits bei der Konzeption und Gestaltung der technischen Systeme realisiert werden (Geisberger und Broy 2012, S. 124f).

Das bedeutet im Allgemeinen, dass die oben erläuterten Privatsphärenschutzziele als Ausgangspunkt für den Systementwurf zu nehmen sind.

6 Herausforderungen durch Cyber-Physical Systems

Mit der Entwicklung und Einführung der Cyber-Physical Systems entstehen in Deutschland aber auch auf der ganzen Welt viele Herausforderungen, die in diesem Kapitel illustriert werden.

Um die Komplexität dieser Systeme entgegenzuwirken und darauf vorbereitet zu sein muss man eine Reihe von wissenschaftlichen, technischen, wirtschaftliche, politische und gesellschaftliche Herausforderungen.

6.1 Wissenschaftliche Herausforderungen

Zunächst lässt sich sagen, dass durch den Einsatz von CPS es auch zu einem Umdenken und anderen Systembegriff kommt und eine ganzheitliche systematische Sicht von Nöten ist.

Um die Komplexität dieser Systeme entgegenzuwirken ist der Bedarf der Entwicklung von neuen theoretischen Ansätzen, die ein Zusammenspiel von klassischen Modellen des Maschinenbaus und der Elektrotechnik voraussetzt.

CPS können nur mithilfe neuer Modelle und Entwurfsmethoden für vernetzte technische Systeme (Multi-Ebenen-Systeme) effizient entwickelt werden (Cyber-Physical Systems 2011, S. 24f).

Die Optimierung dieser Systeme steht nicht primär im Fokus, sondern die Beherrschung der Komplexität durch das Entwickeln von neuen Funktionalitäten wie Adaptivität der Systeme, Lernen von Funktionen und Selbstorganisation.

Die oben beschriebene Thematik lässt sich mit einem Beispiel verdeutlichen.

Wenn man sich ein Assistenzsystem in einem Fahrzeug anschaut wird deutlich, dass z.B. das Anti-Blockier-System (ABS) und das unterstützte Lenksystem (Electric Power Steering (EPS) zusammen arbeitet.

Das bedeutet, dass es zu einer interdisziplinären Verknüpfung von Methoden des Maschinenbaus der Kommunikations- und Informationstechnik und der Informatik kommt (Cyber-Physical Systems 2011, S. 24).

Mit der oben beschriebenen Thematik der wissenschaftlichen Herausforderungen lässt sich sagen, dass verschiedene Bereiche wie die Informatik, Elektrotechnik etc. miteinander in ständiger Verknüpfung und Zusammenarbeit stehen, was sicherlich eine große Herausforderung darstellt und den Einsatz von CPS erschwert.

6.2 Technologische Herausforderungen

Die technologischen Herausforderungen lassen sich schnell ableiten.

Auf der einen Seite hat man Herausforderungen bei der Einführung von Cyber-Physical Systems in der smarten Fabrik.

Auf der anderen Seite gibt es natürlich auch Herausforderungen was das Warten, die Entwicklung und das Steuern anbelangt.

Das bedeutet, dass es aufgrund der Komplexität und Interdisziplinarität neue Anforderungen gibt, was vor allem das Konstruieren und Betreiben angeht.

Ein weiteres Thema ist die Sicherheit, auf die bereits oben eingegangen worden ist.

Um personenbezogene Daten oder auch andere Informationen bei der Kommunikation und Verbindung mit anderen CPS nicht ungewollt preiszugeben, lässt sich natürlich auch über technische Herausforderungen reden, die dafür von Nöten sind, um diesen Risiken entgegenzuwirken und diese Probleme zu vermeiden (Cyber-Physical Systems 2011, S. 25f).

6.3 Wirtschaftliche Herausforderungen

Eine weitere Herausforderung besteht darin, dass Cyber-Physical Systems vermarktet, betrieben und vertrieben werden müssen.

Die Herausforderung besteht vielmehr darin die Unternehmenskultur zu ändern bzw. das unternehmerische Wissen der Mitarbeiter zu fördern und damit für eine Fortbildung der Mitarbeiter zu sorgen, damit diese auch mit Cyber-Physical Systems vertraut gemacht werden.

Durch den Einsatz von CPS wird das E-Commerce auch unterstützt, was die vollständige elektronische Abwicklung der Unternehmensaktivitäten in einem Netzwerk ermöglicht.

So können CPS dafür sorgen, dass es zu einem Wandel in der Produktion kommt.

Man kommt also weg von der klassischen Produktentstehung- und dem Vertrieb hin zu Entwicklungs- und Produktionsgemeinschaften in flexiblen Firmennetzwerken mit global abrufbaren Diensten (Cyber-Physical Systems 2011, S. 26).

6.4 Politische Herausforderungen

Datensicherheit hat in Deutschland aber auch auf der ganzen Welt für Menschen eine große Bedeutung.

Die Politik hat die Aufgabe dafür zu sorgen, ob Standards eingehalten werden, um die Informationssicherheit zu gewährleisten oder ob neue Standards von Bedeutung sein können und damit auch die Frage, ob es essentiell ist neue Standards einzuführen.

Es ist von großer Bedeutung für den Erfolg dieser neuartigen Systeme wie CPS eine gewisse Akzeptanz und Vertrauen bei der Bevölkerung zu gewinnen.

In Bezug auf CPS ist es also von enormer Wichtigkeit rechtliche Rahmenbedingungen zu schaffen.

Es ist wichtig genauestens zu definieren, wer Zugriff auf bestimmte Daten hat und wer die Daten bei einer gegebenen Datenflut erfassen darf (Cyber-Physical Systems 2011, S. 27).

Es ist momentan in Deutschland die Beobachtung zu machen, dass die Politik sich sehr bemüht in Unternehmen die Industrie 4.0 bzw. den Einsatz von Cyber-Physical Systems zu gewährleisten.

Das Bundesministerium für Bildung und Forschung sieht das Thema Industrie 4.0 als ein Zukunftsprojekt und bezweckt mit diesem Projekt den Prozess zu unterstützen (BPAInternet 2014).

6.5 Gesellschaftliche Herausforderungen

Grundlegend ist natürlich die Frage, wie die gesellschaftliche Akzeptanz der Cyber-Physical Systems ist und was man darunter verstehen kann.

Wenn neue Systeme eingesetzt werden müssen diese auch unmittelbar d.h. möglichst schnell eine gewisse Akzeptanz bei den Nutzern gewinnen.

Dies setzt voraus, dass bereits bei der Entwicklung und Gestaltung von Cyber-Physischen Systemen gewisse Punkte bereits integriert und beachtet werden müssen.

Hier sind die Mensch-Maschine-Interaktion zu nennen und die Abhängigkeit zu der Akzeptanz.

Wenn diese Interaktion von Anfang an beachtet wird, sind die Chancen auch groß, dass diese Systeme bei den Nutzern eine große Akzeptanz gewinnen (Cyber-Physical Systems 2011, S. 27f).

Auch in Verbindung mit der Akzeptanz ist die Bedeutung von Datensicherheit zu nennen.

Wenn der Nutzer eine gewisse Unsicherheit gegenüber dem System verspürt kann man davon ausgehen, dass diese Person auch nicht langfristig dazu bereit sein wird das System zu nutzen.

7 Chancen und Zukunft

Der Einsatz von Cyber-Physical Systems insbesondere in Zusammenhang mit dem Thema Industrie 4.0 bietet eine Reihe von Chancen und Möglichkeiten.

Diese sind z.b. Chancen und Vorteile, die die Produktion an sich betreffen und damit in Anlehnung auch die Arbeit des Menschen.

Man kann die Chancen in ökonomische, ökologische, soziale Chancen kategorisieren, auf die im Folgenden näher eingegangen wird.

7.1 Ökonomische Chancen

Wenn man die Produktion und die sogenannte „Smart Factory" betrachtet lässt sich sagen, dass die Produktion durch den Einsatz von Cyber-Physical Systems hochproduktiv wird (Bauernhansl et al. 2014, S. 110).

Des Weiteren werden mit Ressourcen effizient und produktiv umgegangen.

Eines der wichtigen Merkmale der intelligenten Fabrik, wo CPS zum Einsatz kommen ist der vermehrte Wunsch der Verbraucher nach individualisierten Produkten.

Ohne den Einsatz von CPS, wäre die Herstellung eines individualisierten Produktes und damit eines Einzelstückes aufgrund der Produktionskosten nicht realisierbar.

Mit dem Einsatz von CPS wird damit die Herstellung individualisierter Produkte zu den Kosten eines Massenprodukts damit Realität (Bauernhansl et al. 2014, S. 607).

Eine weitere ökonomische Chance besteht darin, dass die Systeme extrem widerstands- und regenerationsfähig gegenüber Störungen sind.

Diese Störungen können bedingt sein durch Wirtschaftskrisen oder Infrastrukturausfällen, die dann durch die Bildung von Wertschöpfungsnetzen ad hoc bekämpft werden können (Bauernhansl et al. 2014, S. 607)

Es ist auch erwähnenswert, dass die CPS auch extern außerhalb der Produktion Potenziale für innovative Geschäftsmodelle bilden, indem Schnittstellen in und zwischen den Systemen gebildet werden (Bauernhansl et al. 2014, S. 607).

7.2 Ökologische Chancen

Zu den ökologischen Chancen zählen insbesondere Punkte wie die Verringerung der Energiekosten, eine optimierte Logistik und die Tatsache, dass Fehler frühzeitig erkannt werden.

Zu den ersten genannten Punkt der Verringerung der Ressourcen kann man sagen, dass es z.B. durch den Einsatz von Maschinen erreicht wird, die eine sogenannte Start und Stopp Funktion bieten.

Es besteht auch die Möglichkeit durch die intelligente Vernetzung der Verkehrsteilnehmer Routen und Auslastung effizienter zu gestalten (Bauernhansl et al. 2014, S. 608).

7.3 Soziale Chancen

Über die sozialen Chancen lässt sich sagen, dass im Allgemeinen der Mensch wieder in den Mittelpunkt der Produktion rückt, d.h. dass die Produktion dem Takt des Menschen folgt (Bauernhansl et al. 2014, S. 608).

Man kann also die Aussage treffen, dass die Qualität der Arbeit für den Menschen sich deutlich verbessert.

Geht man also von einem älteren Arbeitnehmer aus, wird seine Arbeit erleichtert, in dem seine Tätigkeiten durch automatisierte Prozesse erleichtert und zum Teil auch übernommen werden und er nur teilweise Kontroll- und Bedienaufgaben hat.

Des Weiteren muss man aber auch sagen, dass der Bedarf an qualifizierten Arbeitskräften enorm steigt, die in der Lage sind diese Komplexität zu überwinden.

Sie müssen also in der Lage sein derartige Systeme einzurichten, zu betreuen und zu warten (Botthof und Hartmann 2015, S. 73f).

Wenn man nun ein Unternehmen betrachtet, wo geringqualifizierte Mitarbeiter in der Produktion beschäftigt sind, steht das Unternehmen vor einer großen Herausforderung.

In vielen Unternehmen werden einfache Mitarbeiter, die über wenig technisches und modernes Know-how besitzen auch am wenigsten durch Weiterbildung gefördert (Jäger und Kohl 2009).

Es lässt sich also schnell vermuten und ableiten, dass der Einsatz von Cyber-Physical Systems für diese Gruppe von Mitarbeitern eine große Herausforderung darstellt und sogar negative Auswirkungen auf ihre Arbeit haben kann.

Daher ist es auch von großer Bedeutung die technischen Systeme so zu gestalten, dass möglichst ein geringer Qualifikationsbedarf der Mitarbeiter von Nöten ist (Botthof und Hartmann 2015, S. 74).

Wenn die Rede von Automatisierung in einer Produktionsstätte ist, erzeugt dies Bilder in unseren Köpfen wie die Ersetzung des Menschen in der Produktion durch Maschinen.

Bei der Arbeitsorganisation und –gestaltung in der „Smart Factory" bleibt der Mensch aber der entscheidende Produktionsfaktor (Botthof und Hartmann 2015, S. 25f).

Das bedeutet, dass nicht nur die Technik der Cyber-Physical Systems eine bedeutende Rolle bei der Umsetzung spielt, sondern es auch auf die intelligente Organisation der Arbeit und die Fähigkeiten der Beschäftigten ankommt (Kagermann et al. 2013, S. 56).

Es stellt sich heraus dass der Mensch an sich auch immer weiter dazulernt und in dieser Welt und seiner Arbeitsumgebung in Zusammenhang mit der Bedienung dieser Maschinen auch als lernender Akteur gesehen werden kann.

Da sich cyber-physische Systeme weiterentwickeln und nie auf denselben Stand bleiben werden, muss sich parallel dazu der Mensch auch weiterbilden und eine gewisse permanente körperliche und geistige Leistungsbereitschaft zeigen (Botthof und Hartmann 2015, S. 25).

Abschließend lässt sich also sagen, dass die sozialen Chancen in diesem Zusammenhang als das ständige Lernen und Weiterbilden des Menschen zu sehen sind.

8 Wie sehen Cyber-Physical Systems in der Zukunft aus?

In den vorherigen Kapiteln war unter anderem die Rede von der „Smarten Fabrik".

Diesen Begriff haben wir nun verinnerlicht und wissen, dass es bei dieser Art von moderner Produktionsstätte die sogenannten Cyber-Physical Systems zum Einsatz kommen, die in der Lage sind in Echtzeit Informationen auszutauschen und mit anderen Geräten zu kommunizieren.

Des Weiteren wurden auch kurz Beispiele genannt wo diese Systeme zum Einsatz kommen.

Nun geht es in diesem Abschnitt darum zu verdeutlichen, wie dies bereits umgesetzt wurde, in Zukunft aber auch detailliert geschehen wird.

Dabei wird im Folgenden versucht zu zeigen, was es für Beispiele an Produkten im Alltag gibt und wie die Umsetzung in der Industrie im Kontext von Produktionsstätten bereits geschehen ist, damit am Ende dieses Abschnitts klar wird, wie Cyber-Physical Systems in der Zukunft aussehen werden und was für eine bedeutende Rolle diese für uns Menschen haben.

Ein Beispiel im Alltag des Menschen ist der intelligente Kühlschrank der mitdenkt.

Dies könnte man sich so vorstellen, dass der Kühlschrank in der Lage ist, Informationen zu sammeln und auch auszutauschen.

Damit wird dieser Kühlschrank in der Lage sein zu wissen, ob Zutaten für das Abendessen z.B. noch benötigt werden (BPAInternet 2014).

Die Rede ist hier von „Smart Services".

Doch was ist unter diesem Begriff zu verstehen.

Fakt ist, dass auch dieses Schlagwort nicht wörtlich zu übersetzen ist und auch bei uns nicht weit verbreitet ist (BPAInternet 2014).

Des Weiteren stelle man sich folgende Situation vor, in der wir eine Applikation auf unseren Smartphones benutzen und ein Rezept aussuchen.

Das spektakuläre passiert in dem Moment, wo unser Herd sich bereits auf das Rezept und damit auf das zu kochende vorbereitet und bereits sich einstellt (BPAInternet 2014).

Parallel dazu informiert uns unser Kühlschrank, ob die Zutaten im Kühlschrank vorhanden sind oder ob diese zu kaufen sind (BPAInternet 2014).

Doch es gibt auch andere Beispiele im Alltag, wie z.B. den intelligenten Spender für Seife, Desinfektionsmittel und Handtücher.

Dies kann man sich so vorstellen, dass wenn der Bedarf an den oben genannten Dinge im Spender ist, automatisch eine Information an die jeweilige zuständige Firma geht, sodass dann im Anschluss die fehlenden Produkte ersetzt werden (BPAInternet 2014). All diese Dinge hören sich natürlich in erster Linie sehr komfortabel im Alltag an. Doch es gibt eine Reihe von Beispielen, von der in diesem Zusammenhang die Rede ist.

Wenn man sich nun den smarten Kühlschrank mit der smarten Unterwäsche vergleicht, die vom Normalzustand abweichende Pulsfrequenzen direkt an den Arzt weiterleitet, wird auch schnell die Notwendigkeit und damit der Sinn einiger Ideen in Frage gestellt.

Was ist nun wertvoller für uns Menschen, was brauchen wir, wozu sind wir bei der Benutzung mehr bereit und offen

Die Zweckmäßigkeit dieser smarten Dinge einzuschätzen ist schwierig und auch Experten stellen sich häufig die Frage, ob die Idee angefangen vom smarten Kühlschrank aber auch andere Beispiele sich durchsetzen können und eine wichtige Rolle in der Zukunft spielen werden (Fleisch und Mattern 2005, S. 62).

9 Umsetzung von Cyber- Physical Systems in Unternehmen

Cyber- Physical Systems kommen in sogenannten smarten also intelligenten und lernenden Fabriken zum Einsatz.

Der Begriff „lernende Fabrik" lässt sich dadurch ableiten, dass die Fabrik einer sich ständig veränderten Umwelt ausgesetzt ist und auch immer dazulernen muss.

In diesem Kapitel geht es darum ein paar Umsetzungsbeispiele zu zeigen, wo Cyber-Physical Systems in der Produktion bedeutende Aufgaben übernehmen.

Ein Beispiel stellt hier die Schwarmintelligenz für die Logistik des Fraunhofer IML (Bauernhansl et al. 2014, S. 22f).

Fahrzeuge sind in der Lage die Ladungsträger autonom zu transportieren.

Diese Fähigkeit kann man sich so vorstellen, dass diese Fahrzeuge in der Lage sind selbstständig ihren Weg zum Lager aber auch zum Montageplatz zu finden (Bauernhansl et al. 2014, S. 22).

Diese können sich auch untereinander über die Cloudtechnologie vernetzen um voneinander zu lernen und Informationen zu erhalten.

Damit ist eine optimierte Logistik gegeben.

Weitere Beispiele in der Logistik bietet die innovative Schäferkiste der Firma Würth, die wie eine herkömmliche Kiste aussieht, aber eine Kamera besitzt, durch die die Box den Inhalt erfassen kann und damit in der Lage ist diese Information weiterzugeben (Bauernhansl et al. 2014, S. 23).

Des Weiteren wurde auch vom Fraunhofer Institut ein Roboter entwickelt, der in der Lage ist die Ladungsträger während der Produktion durch seine 3D-

Umgebungserfassung zu transportieren und der auch eine Grifffähigkeit aufweist (Bauernhansl et al. 2014, S. 23).

Diese neuartigen Technologien und Roboter kommen auch zum Einsatz, um Mitarbeitern bei der Produktion zu helfen.

Das bedeutet, dass ihre Arbeit durch diese cyber-physischen Systeme auch erleichtert wird und dass sie auch von diesen Technologien profitieren (Bauernhansl et al. 2014, S. 24).

Dabei werden Exoskelette am Körper getragen, die bewirken, dass die Mitarbeiter sich ergonomisch bewegen und sich bei Bewegungen bei der Produktion und bei körperlichen Arbeiten nicht verletzen (Bauernhansl et al. 2014, S. 24).

Dieses Beispiel verdeutlicht die Aussage, dass Cyber-Physical Systems die Arbeit der Menschen nicht ersetzen, sondern wichtige Werkzeuge zur Unterstützung und Erleichterung der Arbeit bieten (Botthof und Hartmann 2015, S. 152).

Dieser Punkt wird durch das Beispiel der Firma Sabre Autonomous Solutions unterstützt, wo beim Sandstrahlen von Brücken und anderen Stahlkonstruktionen Roboter zum Einsatz kommen, die die physisch extrem fordernde und körperlich belastende Tätigkeit für den Menschen übernehmen (Botthof und Hartmann 2015, S. 152).

10 Fazit

Am Anfang dieser Arbeit war die Frage aufgestellt worden, ob der Begriff „vierte industrielle Revolution" gerechtfertigt ist.

Nun können wir sagen, dass eine Revolution, ähnlich wie bei den vorherigen drei Stufen einen langjährigen Prozess darstellt, der über mehrere Jahrzehnte andauert.

Es lässt sich aber sagen, dass wir uns mitten in der vierten industriellen Revolution befinden, in der es immer mehr zu beobachten ist, dass uns das Thema im Alltag immer mehr begegnet.

Es gibt mittlerweile eine Reihe von Produkten und Dienstleistungen, die diese neue Technik der Cyber-Physical Systems benutzen.

Es ist sicherlich nicht falsch zu sagen, dass „Industrie 4.0" sich mittlerweile zu einem Trend und Hype in der Industrie, Politik und Gesellschaft entwickelt hat.

Immer mehr Unternehmen beteiligen sich am Thema und denken über Umstrukturierungen der eigenen Geschäftsprozesse nach.

Dabei müssen sie allerdings auch auf die Gefahren bei der Entwicklung der Cyber-Physical Systems besondere Achtung schenken, die bereits oben genauestens dargestellt und analysiert wurden.

Es gibt viele Herausforderungen für die Gesellschaft, Politik und Wirtschaft.

Die Zeit diese Herausforderungen anzunehmen und diese genauestens zu analysieren um Probleme aus dem Weg zu schaffen hat nun begonnen.

Erwähnenswert sind auch die Chancen, die durch die Cyber- Phyiscal Systems gegeben sind.

Hierbei stellt sich die Frage, welche Dienste, Produkte für uns Menschen von Bedeutung sein könnten und wie die Umsetzung im Alltag aussehen kann.

Eine weitere interessante Frage ist die Umsetzung der Kundenwünsche.

Wie können wir Teil der Produktion sein?

Wie können Unternehmen uns in die Geschäftsprozesse einbauen und wie können auch die Kosten im Rahmen gehalten werden, wenn von einer kleinen Stückzahl von individualisierten Produkten die Rede ist.

Sind die Preise im Vergleich zu Massenprodukten günstiger oder teurer?

Es lässt sich hierbei natürlich vermuten, dass die Preise für ein hoch spezialisiertes und individual angefertigtes Produkt höher liegen wird als bei einem Massenprodukt.

Doch können Cyber-Physical Systems dazu beitragen, dass ein individualisiertes Produkt günstiger angeboten wird.

All diese Fragen werden sicherlich von großer Bedeutung sein.

Wir werden davon zu spüren bekommen, wie sich unser Leben durch diese neue Art von Technologien „Cyber-Physical Systems" verändern wird.

Literaturverzeichnis

1. Anke, Jürgen; Schwatke, Andreas (2015): Das Internet der Dinge als Grundlage für innovative e-Health-Dienste. In: Elisabeth Eppinger (Hg.): Dienstleistungspotenziale und Geschäftsmodelle in der Personalisierten Medizin. Konzepte, Analysen und Potenziale. Wiesbaden: Springer Gabler (Research), S. 485–513.

2. Bauernhansl, Thomas; Hompel, Michael ten; Vogel-Heuser, Birgit (Hg.) (2014): Industrie 4.0 in Produktion, Automatisierung und Logistik. Anwendung, Technologien, Migration. Wiesbaden: Springer Vieweg (SpringerLink). Online verfügbar unter http://dx.doi.org/10.1007/978-3-658-04682-8.

3. Botthof, Alfons; Hartmann, Ernst Andreas (2015): Zukunft der Arbeit in Industrie 4.0. Berlin, Heidelberg: Springer Berlin Heidelberg.

4. Broy, Manfred (2010): Cyber-Physical Systems. Innovation Durch Software-Intensive Eingebettete Systeme. Berlin, Heidelberg: Springer-Verlag Berlin Heidelberg (acatech DISKUTIERT). Online verfügbar unter http://dx.doi.org/10.1007/978-3-642-14901-6.

5. Bullinger, Hans-Jörg; Hompel, Michael ten (Hg.) (2007): Internet der Dinge. Www.internet-der-dinge.de. Berlin, Heidelberg: Springer-Verlag Berlin Heidelberg (VDI-Buch). Online verfügbar unter http://site.ebrary.com/lib/alltitles/docDetail.action?docID=10189120.

6. BPAInternet (2014): Bundesregierung | Artikel | Mein Kühlschrank denkt mit. Online verfügbar unter http://www.bundesregierung.de/Content/DE/Artikel/2014/10/2014-10-28-smart-services.html, zuletzt geprüft am 31.07.2015.

7. Cyber-Physical Systems. Innovationsmotor für Mobilität, Gesundheit, Energie und Produktion (2011). Berlin, Heidelberg: Springer (acatech Position, 11). Online verfügbar unter http://dx.doi.org/10.1007/978-3-642-27567-8.

8. Dr. Jochen Schlick (2012): Die vierte industrielle Revolution wird kommen. DFKI: Deutsches Forschungszentrum für künstliche Intelligenz. Online verfügbar unter http://www.konstruktion.de/topstory/die-vierte-industrielle-revolution-wird-kommen/, zuletzt geprüft am 02.08.2015.

9. Edward A. Lee (2006): Cyber-Physical Systems- Are Computing Foundations Adequate? Position Paper for NSF Workshop On Cyber-Physical Systems: Research Motivation, Techniques and Roadmap. Online verfügbar unter http://ptolemy.eecs.berkeley.edu/publications/papers/06/CPSPositionPaper/Lee_CPS_PositionPaper.pdf, zuletzt geprüft am 31.07.2015.

10. Fleisch, Elgar; Mattern, Friedemann (Hg.) (2005): Das Internet der Dinge. Ubiquitous Computing und RFID in der Praxis: Visionen, Technologien, Anwendungen, Handlungsanleitungen ; mit 21 Tabellen. Berlin: Springer. Online verfügbar unter http://lib.myilibrary.com/detail.asp?id=62329.

11. Geisberger, Eva; Broy, Manfred (2012): agendaCPS. Integrierte Forschungsagenda Cyber-Physical Systems. Berlin, Heidelberg: Springer (acatech STUDIE, März 2012, 1). Online verfügbar unter http://dx.doi.org/10.1007/978-3-642-29099-2.

12. Hansen, Marit; Thiel, Christian (2012): Cyber-Physical Systems und Privatsphärenschutz. Datenschutz und Datensicherheit - DuD. In: *DuD* 36 (1), S. 26–30. DOI: 10.1007/s11623-012-0007-8.

13. Hompel, Michael ten (Hg.) (2013): Software in der Logistik. Prozesse steuern mit Apps ; [Anforderungen, Funktionalitäten und Anbieter in den Bereichen WMS, ERP, TMS und SCM]. Fraunhofer-Institut für Materialfluss und Logistik. 1. Aufl. München: Huss (Logistik Praxis).

14. Jäger, ARMIN; Kohl, MATTHIAS (2009): Qualifizierung An-und Ungelernter– Ergebnisse einer explorativen Analyse zum aktuellen betrieblichen Bedarf, zukünftigen Qualifikationsanforderungen und Präventionsansätzen der Bundesagentur für Arbeit. In: *bwp* 9, S. 1–19.

15. Kagermann, Henning; Wahlster, Wolfgang; Helbig, J. (2013): Deutschlands zukunft als produktionsstandort sichern. In: *Umsetzungsempfehlungen für das zukunftsprojekt industrie* 4.

16. Prof. Dr. Ingo Wolff, Siegfried Schulze: Industrie 4.0 Cyber Physical Systems in der Produktion. NORDRHEIN-WESTFALEN AUF DEM WEG ZUM DIGITALEN INDUSTRIELAND. In: *IKT.NRW Schriftenreihe*. Online verfügbar unter http://www.cps-hub-nrw.de/images/publish/download/Industrie40_CPS_in_der_Produktion-SchriftenreiheIKTNRW.pdf, zuletzt geprüft am 30.07.2015.

17. Redaktion: Referat LS 4 - Öffentlichkeitsarbeit; Internet (2015): Gemeinsame Plattform Industrie 4.0 startet - Ministerium - BMBF. Online verfügbar unter http://www.bmbf.de/press/3773.php, zuletzt aktualisiert am 14.04.2015, zuletzt geprüft am 30.07.2015.

18. Sendler, Ulrich (Hg.) (2013): Industrie 4.0. Beherrschung der industriellen Komplexität mit SysLM. Berlin, Heidelberg, s.l.: Springer Berlin Heidelberg (Xpert.press). Online verfügbar unter http://dx.doi.org/10.1007/978-3-642-36917-9.

19. Spiegel Online (Hg.) (2012): Smart Grid. So funktioniert das intelligente Stromnetz. Online verfügbar unter http://www.spiegel.de/wirtschaft/unternehmen/bild-667878-42650.html, zuletzt aktualisiert am 31.05.2012, zuletzt geprüft am 30.07.2015.

20. Wiley-VCH Verlag GmbH & Co. KGaA: Auf dem Weg zur Industrie 4.0 | GIT-SICHERHEIT.de – Portal für Safety und Security. Online verfügbar unter http://www.git-sicherheit.de/topstories/safety/auf-dem-weg-zur-industrie-40, zuletzt geprüft am 30.07.2015.